MANIFESTATIONS

RELIGIEUSES

A

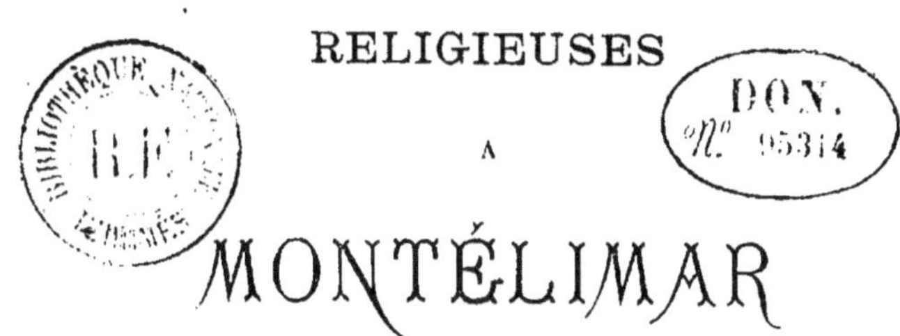

MONTÉLIMAR

en 1583

MONTÉLIMAR
IMPRIMERIE ET LITHOGRAPHIE BOURRON ET Cie

1872

Tiré a 50 exemplaires

N°

MANIFESTATIONS RELIGIEUSES

A

MONTÉLIMAR

EN 1583

Nous avons assisté, cette année, à de grandes manifestations religieuses. Dans la France entière, la prière sous toutes ses formes est montée ardente vers le ciel ; les populations se sont émues et des foules nombreuses de pieux fidèles, sans se laisser arrêter par les difficultés d'un voyage parfois long et pénible, sont allées rendre un public et solennel témoignage de leur foi dans les sanctuaires les plus vénérés.

On se tromperait si l'on ne voyait dans ce mouvement religieux que l'effet d'un enthousiasme passager et extraordinaire; ce n'est point là une explosion irrégulière et sans cause, mais bien le résultat de cette tendance mystérieuse, qui, à certains moments de la vie, pousse l'homme vers son Créateur ; l'épanouissement de ce sentiment du surnaturel et du divin qu'on ne saurait pleinement étouffer dans son âme et qui, comme l'étincelle cachée, se réveille quelquefois sous le souffle de l'infortune et du malheur et jette un vif éclat. « Quand des nuages, disait « naguère un des hommes les plus remarquables de no- « tre époque, quand des nuages, portant la foudre dans « leur sein, s'accumulent à l'horizon, quand des périls

« s'avancent terribles et inévitables, quand la sagesse « humaine avertie par l'expérience, sent sa profonde « faiblesse et ne sait plus à quoi s'attacher, il ne faut « pas de grands raisonnements, il suffit de croire un « peu à quelque chose de surnaturel, pour se convaincre « qu'il est nécessaire de recourir à Celui qui seul pos- « sède dans les trésors de sa sagesse les moyens de nous « sauver. »

Pour un peuple, comme pour tout homme, la prière est à la fois le premier devoir et le premier besoin. Toutes les fois que quelques terribles secousses viennent ébranler une nation, il n'est donc pas étonnant de voir ce besoin du secours de Dieu, que toute âme sent au-dedans d'elle-même, se traduire au dehors, et la prière s'élever d'autant plus ardente que les malheurs sont plus imminents.

Les annales de notre ville nous fournissent à différentes époques des preuves frappantes de cette vérité. La fin du XVIe siècle, en particulier, qui, sous plus d'un rapport, a quelque analogie avec le temps agité où nous vivons, nous offre le spectacle de ces grandes manifestations religieuses que le peuple aimait tant autrefois. Les minutieux détails de ces cérémonies, où éclatent la simplicité des mœurs et la foi vive de nos pères, nous ont été conservés dans le journal d'un notaire, Antoine Gayet (1), qui a recueilli les principaux événements dont

(1) Ce journal est un petit in-folio, de 164 feuilles, qui fait partie des collections de M. de Planta. C'est un mélange de pièces les plus disparates : actes de baptême et de mariage, ventes et achats divers, événements politiques de la province et de Montélimar, etc... Dans ce pêle-mêle indéfinissable on rencontre parfois quelques curieux détails, spécialement sur les troubles religieux dans notre ville.

La famille Gayet paraît s'être fixée à Montélimar dans les premières années du XVIe siècle, où elle forma bientôt deux branches. Remondin Gayet et Guillaume Gayet vivaient en 1550 ; on trouve encore en 1569 Claude Gayet et Jean Gayet.

il a été le témoin. Ce récit que nous allons reproduire ne sera point lu sans intérêt. Ce qui nous engage, en outre, à publier ce document, c'est qu'on y retrouve l'énumération des nombreuses chapelles qui environnaient alors la ville et formaient autour d'elle une ceinture qui la protégeait tout autant que ses épaisses murailles et ses tours crénelées. La plupart de ces petits sanctuaires, que le Moyen-Age aimait à multiplier dans les campagnes, afin de rappeler sans-cesse à l'homme des champs cette pensée de la foi, qu'après les peines et les travaux de cette vie, il y a les récompenses de l'éternité, sont maintenant détruits et il n'en reste plus qu'un souvenir vague qui tend à disparaître de jour en jour.

Voici en quelques mots les circonstances au milieu desquelles se produisirent à Montélimar les manifestations religieuses de 1583.

Comme on le sait, les troubles religieux du XVIe siècle, qui ont laissé dans l'histoire de notre ville des pages si sanglantes, commencèrent à Montélimar au mois d'avril 1554, et durèrent pendant plus d'un demi-siècle, avec des alternatives de succès et de revers pour les catholiques et pour les protestants. L'année 1583 fut une de ces rares années où les deux partis, las de la lutte, se reposaient à l'abri d'un de ces nombreux traités de paix, qu'on se disposait à violer à la première occasion. On jouissait donc d'un certain calme, de ce calme précurseur

Antoine Gayet, notaire et procureur, auteur du manuscrit' avait épousé en premières noces Françoise Muret et en secondes noces Marguerite de Dornes. De sa seconde femme il eut Michel, Pierre, Marguerite et Antoine Gayet. Il vivait encore en 1612. Ses papiers sont maintenant dans l'étude de Me Sestier, notaire. Michel Gayet est père d'Alain Gayet, qui épousa Françoise de Ripert. Françoise Gayet, fille et héritière de ce dernier, épousa Jacques Lempereur, commissaire aux revues des troupes, dont la famille s'est fondue dans celle des de Planta. Nous devons ces renseignements à l'obligeance de M. de Coston.

de l'orage. On avait déjà traversé de terribles épreuves, les églises de Montélimar avaient été saccagées, le couvent des Cordeliers démoli, les religieux dispersés et leurs archives étaient devenues la proie des flammes; on s'attendait encore à de plus épouvantables malheurs. Chacun en avait le secret pressentiment, et la crainte avait tellement gagné les esprits, que les événements les plus indifférents en eux-mêmes étaient regardés comme des signes avant-coureurs et certains de la tempête.

Les catholiques de Montélimar se mirent donc en prière et organisèrent ces grandes manifestations religieuses, ces processions qui sont une des formes les plus solennelles de la prière publique et qui ont été en usage dans tous les temps. Ils ne faisaient d'ailleurs en cela qu'imiter leurs voisins; mais écoutons le curieux récit de notre annaliste.

« Nottez ce que s'ensuit, que en l'année 1583, il y a « lieu de grands tremblements de terre tant en Daul- « phiné, Languedoc et Provence.

« Plus il s'est ouy en l'air, estant le temps serein, plu- « sieurs grands bruits effroyables en divers lieux et des « bruits non usités.

« Plus il s'est ouy des tonneres aussy effroyables no- « tament un qui se feit dans Valence duquel le foudre « en sorti qui renversa une partye des Cordelliers jusques « a emporter en l'air les pierres des monuments et ex- « positoires des corps.

« Plus il a reigné une grande secheresse telle que en « la plus part des susdittes provinces les fruicts de la « terre ont esté bruslés et gastés.

« Le peuple print effroy, mesme des trois susdittes « provinces comme prevoyant un prompt et eternel ju- « gement de Dieu.

« De sorte que par inspiration divine, les catholiques

« desdittes provinces et sans aulcun mandement de « nostre sainct pere le Pape, ny de nostre Roy Henry « de Valloys troizieme de ce nom, se meirent en telle « devotion et prière tant par procession sy pitoyables que « de telle ville y avait que quart habitans d'icelle sans « aller la plus part des hommes les pieds nuds, les filles « les cheveux pendants et les pieds nuds, couvertes d'un « linge blanc avec un chapelet criant par les champs « misericorde à Dieu en intercedant les prières des « saincts, vizitant les lieux saincts, notamment du sainct « Esprit nostre Dame des Plans (1), a laquelle le jour et « feste de l'Assomption Nostre Dame s'y trouverent en- « viron vingt processions de divers lieux accompagnées « d'une infinité de gentils hommes en devotion et de « plusieurs damoizelles mesme la fille du comte de Grei- « gnan (2) y fut les pieds nuds et les cheveux pendants « comme je l'ai ouy par un qui me l'a dit l'avoir vue « chantant et plorant. »

(1) Le sanctuaire de N.-D. des Plans, situé entre Lapalud et Montdragon, mais sur le territoire de cette dernière commune, était autrefois un lieu de pèlerinage très-fréquenté. On y vénérait une statue miraculeuse de la Vierge. Un évêque de St-Paul-Trois-Châteaux y fonda une abbaye, dépendante de celle de St-Pierre-du-Puy de la ville d'Orange ; elle a subsisté jusqu'en 1750, époque à laquelle, par ordonnance royale, elle fut supprimée et ses biens attribués à l'abbaye de Sainte-Croix d'Apt. Lors de l'invasion de la Provence par Charles-Quint, en 1536, le parlement d'Aix qui s'était réfugié au Pont-Saint-Esprit, y tint quelques-unes de ses séances. (L'abbé Rose. *Notice historique sur la paroisse de Lapalud*, page 46.)

(2) C'est une des quatre filles de Louis de Castellane Adhémar de Monteil et d'Isabelle de Pontevez, dont voici les noms : Clarisse, femme de Pierre de Guers, seigneur de Castelnau ; Lucrèce, femme d'Antoine Forbin ; Claudine, femme de François de Foresta, seigneur de Nogiers ; Marguerite, abbesse de la Celle-les-Brignolles. Le comte de Grignan, dont il est ici question, fut un des grands capitaines de son temps ; il rendit d'éminents services au parti catholique, et fut aussi ardent défenseur de l'Eglise que fidèle sujet de ses rois. (Pithon-Curt, *Histoire de la noblesse du Comtat venaissin*, t. IV, p. 38.)

« Or je diray de ceste ville du Montellymart, laquelle « enfin ayant de toutes parties ouy et entendu l'office de « bon crestien, auroyt le peuple d'icelle ville print devo- « tion et à la verité auroyt fort bien faict son devoir, et « le puys dire pour l'avoir vu et assisté.

« Et commencerent lesdits habitants lesdittes proces- « sions le jour du dimanche dernier de juillet ou il y eut « une fort belle et honorable compagnie, et furent visiter « l'église Sainct Martin extra et pres cette ville (1).

« Le lundy advenant premier d'aoust a la vérité la « devotion augmenta de beaulcoup d'auttant que y heust « bien environ trente filles les cheveux pendants et pieds « nus chantants et demandants pardon et misericorde « et furent visiter l'Esglise de Sainct Jame qui est au « grand chemin tirant a Chasteauneuf sur Rosne.

« Le mardy advenant II dudit moys encore la devo- « tion se trouva augmentée parceque plus grand nom- « bre de filles qui ancore allant a pieds nuds et cheveux « pendants et furent visiter l'esglise de Sainct George qui « est entre Montbouchier et Sainct-Marcel.

« Le mercredy advenant III dudit moys acrust enorme « la multitude desdittes filles des pieds nus et cheveux « pendants et furent visiter ledit lieu de Sainct Marcel.

« Le jeudy suivant IIII dudit moys de beaulcoup plus « y heust de devotion et multitude de personnes, mesme « de dixhuict veusves qui alloyrent appres les filles voylees « de noir, les pieds nuds criant avec lesdittes filles mi- « sericorde et furent visiter Sainct André pres la grange « de Rivat (2).

(1) Cette chapelle, dont il ne reste plus aujourd'hui aucune trace, était fort ancienne. On la trouve mentionnée dans une charte de 1290. *Acta fuerunt hec in quodam campo contiguo hospitali prioratus Sancti Martini.* (Chevalier, *Cartulaire municipal de la ville de Montélimar*, p. 73.)

(2) Cette chapelle que l'on voit encore aujourd'hui près

« Le vendredy suyvant V la devotion augmenta aul-
« moyen de deux notables lesquels en penitence et com-
« memoration de ce que nostre seigneur J. avoit este
« crucifie le vendredy accompagnoient la procession les
« pieds nuds et ploroient, revestus de blanc pourtant un
« la croix des Cordelliers et autre celle de Saincte Croix,
« et furent visiter l'église Sainct Lazare.

« Le samedy advenant VIe jour dudit moys la devotion
« fust beaucoup plus grande car fust la procession suyvi
« de vingt trois jeunes hommes le plus age de vingt cinq
« ans tous couverts d'un grand linge blanc les pieds nuds
« pourtant un cierge a la main criant misericorde, les
« filles et les veuves augmentant, aussy criant comme
« dessus et furent visiter sainct Prie (1) qui est aupres
« du boys de la cour du seigneur de Pracontal.

« Le dimanche suyvant VII jour dudit moys la devo-
« tion tres grande et telle que a la verite il y avait envi-
« ron quatre mil personnes et la moindre compagnie
« qui assista audittes processions en fust de deux mil
« personnes et a icelluy jour y furent grand nombre de
« filles les cheveux pendants et les pieds nuds, XXIII
« veusves les suyvant et aussy lesdits juvenceaux
« les pieds nuds et chantant comme dessus en allant à
« Sainct Martin pres Montbouchier (2).

du monastère des Trappistines de Maubec, appartient à la famille de Labruyère. Elle est construite sur les ruines d'un ancien édifice. On remarque à l'entour quantité de briques romaines.

(1) Le domaine de Saint-Prix, ancienne dépendance de la seigneurie d'Ancone, tient évidemment son nom de cette ancienne chapelle, aujourd'hui détruite.

(2 La carte de Cassini mentionne cette chapelle, dont on retrouve encore aujourd'hui quelques vestiges dans le cimetière de Montboucher. Le culte de St-Martin était très-populaire dans nos contrées; aussi est-ce avec une grande peine que l'on vit, pendant la Révolution, détruire ce petit sanctuaire, et l'on regarda comme une punition du ciel la maladie terrible qui amena la mort du nommé B., coupable de cet acte d'impiété et de vandalisme.

« Le lundy que lesdit firent la nouvayne qui estoit le « VIIIe jour dudit moys furent visiter l'Esglise Nostre « Dame La Rose (1) extra et pres la porte Sainct Martin.

« Et tout au long desdittes processions elles furent « suyvies par le vicesenechal Jacques Colas (2), le sei- « gneur consul premier de cette ville Armand Guichard, « Me Michel de pere Cordellier et frere « Pierre Gavriac commandeur de la commanderie du « Pouet de Laval.

« Quant a noble Jean de Pracontal seigneur d'An- « conne (3) vrai zelateur de la religion catholique pen-

(1) Nous réunissons en ce moment les éléments d'une Notice historique sur Notre-Dame de la Rose, et nous prions les personnes qui auraient quelques documents de vouloir bien nous en donner connaissance. Restauré et agrandi après les guerres de religion, ce petit sanctuaire, où la Sainte-Vierge est honorée sous un titre si gracieux, fut sur le point de disparaître pendant la tourmente révolutionnaire; Jean-André Blanchot, cafetier à Montélimar, l'avait acheté comme bien national. Heureusement M. de Vesc de Lalo en fit l'acquisition de ce dernier et l'a conservé à la piété des fidèles. Cette chapelle appartient aujourd'hui à la famille de Labruyère, héritière des de Vesc de Lalo; elle ne pouvait tomber entre meilleures mains.

(2) Jacques Colas joue un rôle important dans le parti de la Ligue. Député aux Etats de Blois, il se dévoua aux intérêts des princes de la maison de Lorraine. A son retour en Dauphiné, il leva un corps de 1,200 arquebusiers et fit la guerre aux protestants. Par le crédit du duc de Mayenne, il obtint des lettres de noblesse, la charge de Grand-Prévôt de France et plusieurs autres distinctions. Après la prise de La Fère, où il commandait, il passa au service de l'archiduc Albert, fut fait prisonnier à la bataille de Nieuport en 1600 et conduit à Ostende, où il mourut peu de temps après des suites de ses blessures.

La famille Colas était originaire de l'Orléanais. Gilles Colas vint se fixer à Montélimar en 1468. Le *Cartulaire* mentionne un Claude Colas en 1527.

Les Colas portent *d'or à trois flammes de gueules*, 2. 1. (Rochas, *Biographie du Dauphiné*, t. 1, p. 261; — Didot, *Biographie générale*, t. XI, col. 96; — *Armorial du Dauphiné*.)

(3) Jean de Pracontal resta fidèle au parti catholique.

« dant les susdits jours auroit demeure es ville pour la « garde et thuission d'icelle et pour empescher que les

pendant que son frère Antoine, qui avait embrassé la réforme, combattait sous les ordres de Dupuy-Montbrun. On le trouve mêlé à tous les troubles religieux de notre ville ; mais la fortune ne servit pas toujours son courage. Il mourut le 28 décembre 1588, en défendant sa place d'Ancone assiégée par les protestants et après avoir soutenu un assaut de trois heures. Il fut enterré à Rochemaure. Sa veuve, Claude Roux, vivait encore en 1606.

Les de Pracomtal ont joué un rôle important dans l'histoire de notre ville au Moyen-Age. On les voit constamment à la tête de la population, soit comme consuls, soit comme membres du Conseil, se montrer les ardents défenseurs des libertés municipales et faire de continuels efforts pour obtenir des Adhémar de nouvelles concessions. Le *Cartulaire* nous a conservé les noms de quelques-uns d'entre eux : Guillaume de Pracomtal (*de Pratocomitali*, 1285) ; Rostaing, qualifié de *Rector et custos*, de *consul* (1336-1340) ; Pons, *baquellarius in legibus* (1340-1385) ; Guillaume, qualifié de chevalier, *miles*, et consul (1352-1388) ; Rostaing et Alzéat (1422) ; Giraud (1444). Guigard de Pracomtal possédait à Valence une maison nommée *le palais*, qu'il céda au Dauphin Louis le 17 avril 1454, pour y établir l'auditoire et la prison de la sénéchaussée, et reçut en échange la terre d'Ancone. Il vivait encore en 1488. Guilherme de Pracomtal était chanoine de Sainte-Croix en 1499.

Cette famille forme deux branches, celle des barons de Soussey en Bourgogne, qui descend de Pons (XIVe siècle), et celle des seigneurs de Château-Sablier et d'Ancone, qui descend de Rostaing, frère de Pons de Pracomtal. Cette dernière branche existe encore en Nivernais, où Léonor-Armand, marquis de Pracomtal, lieutenant au gouvernement de cette province en 1717, se fixa, à la suite d'un brillant mariage. Il vendit la terre de Pracomtal en 1738 à François de La Coste, seigneur de Maucune, conseiller au Parlement de Grenoble.

L'*Annuaire de la noblesse de France*, de 1855, donnait, pour chef de cette famille, Edmond, marquis de Pracomtal, marié à Mlle d'Hunolstein ; de ce mariage sont nés Richard de Pracomtal, Raoul de Pracomtal, et Marie-Christine de Pracomtal, épouse du comte Polydore de la Rochefoucauld.

Les de Pracomtal portent *d'or au chef d'azur, chargé de trois fleurs de lys d'or.*

(Chevalier, *Cartulaire municipal... passim* ; — Chorier, *L'Estat politique de la province du Dauphiné* ; — Rochas, *Biographie du Dauphiné*, t. II, p. 294-296 ; — Lacroix, *L'Arrondissement de Montélimar*, t. I, p. 154-157.)

« huguenaux de laditte ville pendant que tous lesdits ca-
« tholiques estaient hors ne se soysissent de laditte ville,
« ce que heust este vrayment sans la bonne veille dudit
« seigneur d'Anconne. Dieu l'augmente en sa volonté
« et en la postérité de sa souche.

NOTA

« Que le dymanche 21 aoust 1583 ayant huict jours
« au paradvant este erigee une confrairie de freres peni-
« tents soubs le titre de l'Anonciation Nostre Dame ap-
« pelles par le vulgaire peuple les bastus d'autant que
« lesdits sont habillés de blanc pourtant à leurs caintures
« faites en cordes liees une discipline et un fouet de
« plusieurs cordons de laquelle confrairie estoit le rec-
« teur le seigneur vice sénéchal Colas, le soubrecteur
« frère Michel Laurent et suyvoient leur procession du
« nombre de septante par ville tous vestus d'habits de
« toile blanche en forme d'aulbe et un capuchon cou-
« vrant la face ny ayant grille que les deux trous pour
« les deux yeux, pourtant le chapelet un cierge allume,
« allant deux a deux chantant la lytanie au long de la
« ville et furent visiter toutes esglise et ce fust environ
« les neuf heures de nuict suyvant devotion d'environ
« deux mil personnes tant hommes femmes que petits
« enfants. Les seigneurs de Nouvaizan (1) et d'Anconne

(1) La terre de Noveysan appartenait alors à la famille de Seytres, originaire de Crest, d'après Pithon-Curt, t. III, p. 271. Nous retrouvons dans le *Cartulaire de Montélimar* les noms d'Etienne de Sextres (*Sextoris*, 1393) et d'Antoine de Sextres (1407). D'après le cadastre de 1569, dit M. de Coston, Josserand de Sextre, seigneur de *Noveyzan*, possédait une grange à la Combe-d'Eygu, près de Montélimar, appelée plus tard *Noveyzan ;* elle a appartenu successivement aux de Monts, aux de La Coste, aux de Javon. (De Coston, *Etymologies des noms de lieu du département de la Drome*, p. 253).

Les de Seytres portent *d'or au lion de gueules, à la bande de sable chargée de 3 coquilles d'argent brochant sur le tout.*

« estoient de ladite confrairie aussy plusieurs des per-
« sonnes notables d'icelle ville (1).

« La confrairie des freres penitents de Vaulreas en « nombre de 400 passerent en ceste ville le samedi XX « dudit moys et y coucherent et ledit jour de dymanche « allerent visiter avec leurs habits en vive devotion la « saincte fons qui est pres Sainct George, et chacuns « arriverent a leur retour en cette ville, le mardy XXII « dudit moys, a 9 heures du matin, tous trempes et « mouilles pour estre venus toute la nuict avec la pluye. »

Ces manifestations religieuses, qu'on ne saurait bien juger qu'en tenant compte des mœurs de l'époque où elles eurent lieu, n'en sont pas moins, de quel côté qu'on les envisage, un grand acte de foi, une prière solennelle.

(1) La confrérie des Pénitents de Montélimar, établie le 14 août 1583, ne fut organisée d'une manière régulière et définitive qu'en 1603, lorsque les troubles religieux qui avaient empêché l'exercice du culte catholique eurent complètement cessé. Dès l'année 1606 Paul V l'enrichissait de privilèges et le 26 février 1607 Pierre-André de Gélas de Léberon, Evêque de Valence, en approuvait les statuts. Dans la suite les papes Innocent XI (15 juin 1682) et Clément XII (20 juin 1763) accordèrent aux Pénitents de Montélimar de nouvelles faveurs. Le nombre des confrères ayant considérablement augmenté, la chapelle de Ste Marie-Madeleine, de l'église Ste-Croix, devint insuffisante, et l'on songea à se procurer un local plus vaste pour les réunions. Il y avait dans l'intérieur de la ville une ancienne chapelle en ruine, qui avait appartenu autrefois aux Templiers; on l'appelait Notre-Dame du Temple. Comme elle répondait au but que l'on se proposait, les Pénitents en firent l'acquisition, en 1626, des chevaliers de St-Jean-de-Jérusalem. Les travaux de reconstruction et de restauration ne furent achevés qu'en 1640; le 19 août de la même année le Doyen de l'église collégiale de Ste-Croix la bénit, avec l'autorisation de l'Evêque de Valence. Vendue pendant la Révolution, cette chapelle appartient aujourd'hui à M. Merlet.

Rétablie en 1818, la confrérie des Pénitents existe encore, mais ce n'est plus que l'ombre d'une institution autrefois florissante.

Cependant, il faut le dire, la société d'alors, profondément agitée comme celle d'aujourd'hui, ne put recouvrer le calme et la paix, sans traverser encore des crises violentes. Les prévisions de tous se réalisèrent : de nouveaux troubles amenèrent de nouveaux malheurs.

L'édit de Nemours (5 juillet 1585), qu'on eut l'imprudence de publier dans cette ville (10 août) avec une grande solennité, exaspéra les protestants. Lesdiguières est appelé, il accourt et entre dans Montélimar le 25 août « par la porte Sainct Martin, environ les trois heures « du matin dudit jour, sans aucune resistance, car le « seigneur d'Ancone qui commandait en ceste ville était « couché dans son lit ; entendant l'allarme, il s'alla jeter « au chasteau avec certains habitans où il tint bon en- « viron trois semaines. Enfin il fut contrainct se rendre « par composition bagages et armes. La ville fut ensuite « saccagée, les maisons pillées et grand nombre d'habi- « tans faicts prisonniers et conduits à Die. »

Ce n'était là que le prélude de malheurs plus grands encore. La lutte recommence bientôt avec une telle fureur de part et d'autre, que, dans les quelques journées qui s'écoulèrent du 16 au 20 août 1587, le nombre des morts est évalué à 1,500 par Videl, et à 2,000 par l'auteur d'un manuscrit que nous avons sous les yeux et auquel nous empruntons ces détails. « Le combat fut long « et opiniastré, dit Videl, jusques-la que le sang couloit « par la ville, à ruisseaux, grossis par une pluye qui « survint le soir, le faisant rejaillir si haut, qu'on eut dit « qu'il pleuvoit du sang mesme (1). » Le souvenir de ces horribles journées s'est conservé dans le nom de la rue *Puits-Saigneux*.

En lisant ces pages sanglantes de l'histoire de notre ville, en comparant ces troubles du XVIe siècle avec les

(1) Videl, *Histoire du conestable de Lesdiguières*, in-8°, p. 104... 137-143.

agitations du temps où nous vivons, on se demande avec inquiétude si nous serons plus heureux que nos pères, si nous touchons à la fin de nos malheurs. Entrerons-nous bientôt dans une période calme et tranquille, ou bien sommes-nous destinés à rouler dans le cercle des révolutions sans jamais pouvoir en sortir ; jouirons-nous bientôt des avantages d'une paix durable, ou bien sommes-nous encore menacés de ces terribles commotions politiques qui, depuis près d'un siècle, ont tant de fois ébranlé la France ; mettant un terme à toutes nos discordes, nous réunirons-nous tous enfin dans ce commun amour de la patrie qui, pendant tant de siècles, avait fait la France grande et prospère, ou bien verrons-nous encore la lueur sinistre des incendies et le sang versé? Telles sont les graves questions qui nous préoccupent, en face desquelles nul ne saurait demeurer indifférent, et dont la solution ne dépend pas autant de la nation et de ses représentants qu'on pourrait le croire ; cette solution, que tout le monde souhaite heureuse, dépend surtout de Celui qui tient entre ses mains le sort des peuples et qui leur distribue, ainsi que l'enseigne l'Ecriture, *les biens et les maux, la vie et la mort, les humiliations et la gloire.*

www.ingramcontent.com/pod-product-compliance
Lightning Source LLC
LaVergne TN
LVHW050518160826
845677LV00003B/1216